BEATRICE SABATINI

IL PAVIMENTO DI COLLEMAGGIO
IL LABIRINTO DI PIETRA

INTRODUZIONE

Entrare nella tranquillità della Basilica di Collemaggio rappresenta per molti, anche atei, l'esperienza di un'attrazione quasi insostenibile verso la preghiera, verso il recupero della dimensione trascendente dell'esistenza. L'insieme dello spazio sacro nella basilica celestiniana, anni fa ricuperato pur tra mille polemiche al suo originario aspetto medievale dal coraggioso sovrintendente Mario Moretti, ed ora in parte devastato dal sisma del 2009, appoggia parte della sua attrattiva sul pavimento bicromo. Sebbene si possa rimproverare a Moretti di aver riposizionato quest'ultimo su un massetto di cemento, il pavimento che vediamo ancora oggi risale certamente ad epoche molto antiche.

Moretti stesso lo definì tardo cosmatesco e, sebbene non crediamo si possa collegare direttamente al lavoro dei marmorari romani, è indubbia l'eco che questa scuola ebbe soprattutto nella realizzazione della sezione pavimentale nei pressi del transetto.

Del resto la pavimentazione in elementi lapidei di diverse forme e dimensioni è attestata già in tempi remoti, dall'Egitto faraonico all'Estremo Oriente all'America precolombiana.

La complessa tecnica del mosaico si fa presente a Roma in epoca repubblicana e, attraverso varie fasi, giunge a decadenza in età post costantiniana, a favore di un utilizzo più massiccio di pavimentazioni in *opus sectile,* che nel successivo periodo bizantino viene ricondotto per lo più ad astratti schemi geometrici: pannelli decorati in forma di quadrangoli, bordati di fasce marmoree, con elementi di porfido, materiale comune soprattutto a Roma e Costantinopoli e ricavato quasi interamente da elementi di spolio. Dopo un periodo di impoverimento, fra VII e VIII secolo avviene una ripresa, seppur con tipicità del momento, dell'*opus sectile marmoreum*, che porterà prima agli sviluppi romanici per poi fiorire nella grande stagione dei Cosmati.

Sotto questo nome, lo ricordiamo, vengono raccolti un centinaio di artisti singoli o legati da vincoli di parentela, operanti per lo più a Roma e nel Lazio, ma con punte fino alla lontana Inghilterra.

Il pavimento cosmatesco, tralasciando le particolarità di ogni singolo artista, ha una funzione propria nello spazio liturgico, secondo una tradizione che già possiamo rintracciare nel mosaico dell'aula teodoriana meridionale del complesso di Aquileia, dove è presente la scansione in tre campate divise in tre navate e culminanti in una quarta campata continua, probabilmente un transetto. Oltre alla scansione allusiva ai distinti volumi spaziali dell'alzato, sul pavimento è riservato, al centro della terza campata, un riquadro decorato con una Nike con corona d'alloro e ramo di palma, ai cui piedi vengono raffigurati un cesto di pani e un probabile calice. Pare certo che il riquadro indicasse il luogo ove si collocava l'altare, cioè pressappoco a metà dell'intera aula cultuale, come era consuetudine nell'Adriatico settentrionale all'epoca della realizzazione del pavimento.

Ma anche nel modo cosmatesco, fra il XII e il XIV secolo, cioè quasi ottocento anni più tardi, il pavimento tende a completare i presupposti tematici e simbolici della facciata, con una continuità che porta dall'Occidente all'Oriente e dalla città degli uomini a quella di Dio. Attraverso l'utilizzo del contrasto cromatico di marmi chiari e scuri, della differente elaborazione di zone a campi rettangolari in contrappunto con quelle composte da cerchi concatenati e da *quinconce*, i Cosmati sottolineavano il percorso assiale della liturgia dall'ingresso all'altare, lungo la navata centrale. Elemento diffusissimo è, poi, è il *quinconce* preceduto e seguito da serie di *rotae* in modo che la *rota* porfiretica posta al centro del *quinconce* stesso è anche centro della chiesa. Inoltre la distribuzione delle zone pavimentali è da collegarsi alla celebrazione dedicatoria della chiesa, della quale sottolinea le tappe liturgiche.

Simboli incardinati nella composizione cosmatesca sono il fiore, il triangolo, le stelle ottagonali, gli esagoni in tessitura *ad triangulum* che assemblano tappeti di sigilli di Salomone, più noti come "stelle di Davide".

.

Il pavimento di Collemaggio

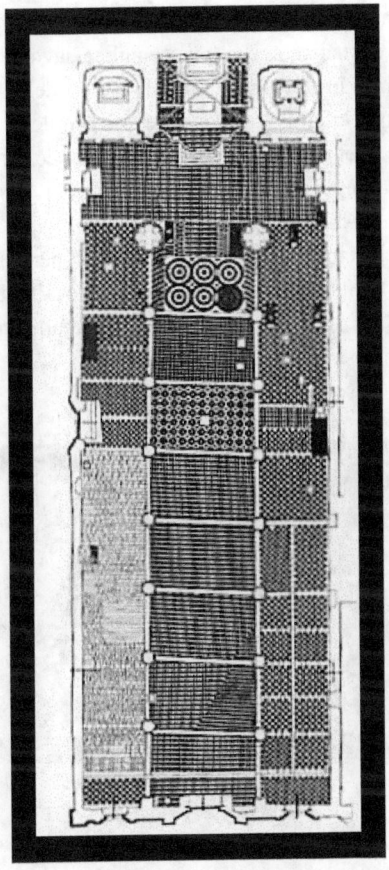

Molti degli elementi presenti nei pavimenti dei Cosmati confluiscono nell'idea alla base del pavimento di Collemaggio, nonostante un'evidente povertà di materiali e mediante una più semplice lavorazione di quest'ultimo. La lavorazione del litostrato della basilica celestiniana, infatti, è certamente più simile a esempi antichi (come una sezione dell'impianto costantiniano del Santo Sepolcro a Gerusalemme, o al pavimento presente ad Aghios Filon a Rizokarpaso, Cipro, o, più vicino nel tempo e in zone influenti per l'arte in Abruzzo, a San Vincenzo al Volturno e alla Basilica Inferiore ad Assisi) che non alla magnificenza dei capolavori cosmateschi.

Assisi, Basilica Inferiore

Eppure, nella sua più discreta semplicità, il pavimento di Collemaggio ha affascinato e continua ad affascinare tutti coloro che osano posare il proprio piede sulle sue lastre bianche e rosse.

Poniamo per questo l'attenzione su un possibile significato simbolico informante il disegno del pavimento. Per comprendere alcune implicazioni simboliche generali del pavimento della chiesa nel medioevo, conviene ricercare le fonti documentarie, possibilmente contemporanee alla realizzazione, fra le quali risulta più nota per la sua esaustività *il Rationale divinorum officiorum*. Nel *Rationale* Guillaume Durand[1], seguendo una tendenza tipica del suo tempo, riunì in una specie di Enciclopedia ante litteram ciò che la meditazione dei secoli precedenti aveva concluso riguardo la simbologia della liturgia e dell'edificio sacro. Nel primo libro del *Rationale* Guillaume dedica la sua attenzione proprio a vari aspetti dell'edificio chiesa, riassumendone i simbolismi collegati alle funzioni liturgiche. Il pavimento della chiesa ha un suo proprio simbolismo generale:

---

[1] ecclesiastico francese originario di Puimission, in Linguadoca, noto come Doctor Speculator, la cui esistenza terrena percorse gli anni fra il 1230 e il 1296.

"Pavimentum Ecclesiae est fidei nostrae fundamentum. In Ecclesia vero spirituali pavimentum sunt pauperes Christi, scilicet pauperes spiritu, qui se in omnibus humiliant, quare propter humilitatem pavimento assimilantur. Rursus pavimentum, quod pedibus calcatur, vulgus est, cujus laboribus Ecclesia sustentatur."[2]

E più oltre, se il tetto è la carità e la porta l'obbedienza, il pavimento è *"humilitas, de qua Psalmista: Adhaesit pavimento anima mea."* [3]

Nel *Rationale* troviamo anche un'ulteriore conferma di ciò che si è prima detto sull'interpretazione in chiave liturgica dei disegni cosmateschi. Guillaume Durand, infatti, elabora un'interessante ripresa in chiave simbolica di una delle fasi della consacrazione della

---

[2] "Il pavimento della chiesa rappresenta il fondamento della nostra fede. Nella chiesa spirituale, il pavimento rappresenta i poveri di Cristo, ossia i poveri in spirito (Ct 3, Pr 9, Gal 2, Mt 5) che si umiliano in ogni cosa; è per questo, a causa della loro umiltà, che sono assimilati al pavimento. Il pavimento che si calpesta rappresenta ancora il popolo, con il cui lavoro la Chiesa viene sostentata."

[3] "l'umiltà di cui il salmista dice: «*Il mio animo è rimasto incollato al pavimento*»."

chiesa, secondo il rito antico *dell'Ordo ad benedicandam ecclesiam*: la iscrizione dell'alfabeto sul pavimento. Per la precisione, gli alfabeti sono due, il greco e il latino, tracciati in linea retta secondo le diagonali dell'edificio.

Il doppio alfabeto per Durand rappresenta come prima cosa l'unione dell'*ecclesia ex circumcisione* con quella *ex gentibus*; in secondo luogo i due Testamenti e, in terzo luogo, gli articoli della fede.

> *"Ecclesiae enim pavimentum est nostrae fidei fundamentum. Elementa ibi scripta, sunt fidei articuli, quibus rudes, atque neophiti in utroque populo in Ecclesia erudiuntur, qui se debent pulverem, et cinerem reputare, juxta illud quod dicit Abraham: Loquar ad Dominum meum, cum sim pulvis et cinis."*[4]

Il pavimento della chiesa, nella sua umile condizione, è il *fondamentum fidei*, il luogo fisico che rappresenta il popolo discente, in un certo senso il perenne

---

[4] "Il pavimento nella Chiesa è il fondamento della fede; i caratteri che vi sono iscritti ne sono gli articoli. È nella Chiesa che gli ignoranti e i neofiti dei due popoli vanno a cercare l'istruzione, così non si devono stimare davanti a Dio che come polvere e cenere. Abramo disse: «*Oserò parlare al mio Signore, io che non sono che polvere e cenere*».

catecumenato del fedele, sulla base del battesimo che lo accoglie nella Chiesa. Gli articoli di fede sono quelli contenuti nel Credo, che viene recitato per la prima volta nel momento stesso del Battesimo.

La Chiesa stessa è la madre che attraverso la liturgia continua l'educazione alla fede dei suoi figli.

Se nel periodo di fondazione di Collemaggio, che è contemporaneo alla vita di Guillaume Durand, non era più praticato il battesimo degli adulti, restava però ancora viva la certezza che la Chiesa è madre, poiché, come lo stesso Doctor Speculator conferma, essa ogni giorno nel battesimo genera figli spirituali a Dio, nutrendoli con l'Eucarestia.

Durand utilizza spesso la simbologia numerica nella spiegazione dell'edificio sacro. I numeri che identificano maggiormente l'aula della chiesa di Collemaggio sono il sette e l'otto. Sette, infatti, sono i settori del pavimento, delimitati dalle campate che prendono vita da pilastri ottagonali. Se si rimanda ad alcune ipotesi sullo sviluppo dello spazio interno primordiale, ora adattato a un riarrangiamento plausibilmente trecentesco, si può ricostruire la probabile pianta primitiva come un'aula di stampo benedettino-cistercense, con tre navate e verosimili cinque absidi poligonali, delle quali esistono ancora le fondazioni sotto il piano attuale di calpestio e che rendevano la chiesa più corta di alcuni metri. Che questa fosse la pianta dell'edificio fino alle distruzioni del sisma del 1349, del resto, lo si può arguire anche da un documento del 1316. Dopo un terremoto meno devastante di quello sopra citato, le Arti Aquilane deliberarono di "fare" una cappella al Santo del Morrone, fra quella dell'altare maggiore e quella di S. Giovanni Battista. Sebbene il testo, riportato dall'Antinori[5], non sia affatto chiaro, Moretti ed altri[6] ne dedussero con verosimiglianza che, in realtà, nel 1316 vi fosse un'abside minore intermedia fra quella dell'altare maggiore e quella del Battista. Questa abside intermedia risaliva quindi alla chiesa delle origini, e, dopo che Celestino fu proclamato Santo, nel 1313, fu destinata alla venerazione di quest'ultimo. Il sisma del 1349, che da come viene narrato nella Cronica di Buccio di Ranallo dovette essere molto simile a quello del 2009, causò il crollo del transetto, molto probabilmente coperto con crociere impostate sui pilastri polilobati, la cui base fu riportata alla luce da Moretti, che ne reintegrò le cospicue parti mancanti. I pilastri sopravvivevano, all'epoca dei restauri morettiani, per un'altezza di circa

---

[5] Cfr. R. Colapietra, Antinoriana…, I, pp. 35-36.
[6] Cfr. O. Antonini, Architettura religiosa aquilana, I, pp. 175-176.

un metro e non ci è dato sapere per quale sisma, nel 1349, 1461 o, meno probabilmente, nel 1703, crollarono, e in che modo furono reintegrati nei susseguenti rifacimenti. Il terremoto del 2009, assieme all'evidenza di continui rifacimenti, fino a quello del 1958, successivo ad un ennesimo terremoto, ha mostrato con chiarezza che la parte più vulnerabile dell'intero edificio pare essere proprio il transetto. Resta tuttavia evidente che, indipendentemente dalla forma che prese di volta in volta la copertura del transetto e dalla data del crollo massivo dei pilastri polilobati, la causa della costruzione delle nuove absidi, in numero di tre e con quella centrale notevolmente più lunga delle minori, è ascrivibile al sisma del 1349. Lo testimoniano anche le costolonature dell'abside di centro, con un concio all'incrocio riproducente la Madonna con il Bambino e databile ad un'epoca già piuttosto matura e vicina alle elaborazioni quattrocentesche. Moretti, in effetti, la riferisce ad un periodo intercorrente fra la fine del XIV e l'inizio del XV secolo.

La presenza delle fondazioni delle absidi poligonali al di sotto del presbiterio attuale e la tipologia della lavorazione e sistemazione delle lastre rendono possibile optare per una datazione del pavimento alla fase antecedente il 1349, poiché la presenza di un particolare segno pare verosimilmente identificare il centro della costruzione, così come accadeva mediante la *rota* porfiretica nel *quincone* delle creazioni cosmatesche. A Collemaggio, in luogo del *quincone*, si trova un'anomalia significativa nel disegno a croci del pavimento, una sorta di croce quadrilobata che alcuni definiscono croce fiore e che, nell'ottica della valenza simbolica propria all'epoca medievale, non è sicuramente casuale. La croce quadrilobata solitaria al centro del litostrato è, infatti, pressoché equidistante sia dalla facciata, sia dall'ipotetico tracciato originario dell'abside centrale rettangolare, fra le cinque di stampo cistercense.

Se consideriamo, invece, l'abside attuale, vi è uno scarto sensibilmente maggiore. La precedente riflessione porta a congetturare sia l'esistenza del pavimento ad un periodo precedente il 1349, sia la presenza a quel tempo di un abside centrale decisamente più corta.

Inoltre, la Porta Santa è collocata in corrispondenza della croce quadrilobata, come a sancire un rapporto privilegiato fra la porta stessa come simbolo di Cristo e lo gnomone, simbolo della Croce gloriosa/*axis mundi*, corrispondenza da interpretare anche alla luce delle usanze costruttive degli edifici religiosi all'epoca di Celestino[7].

Le modalità attraverso le quali veniva nella pratica incominciato il cantiere delle chiese medievali, infatti, può aiutare a comprendere quanto la simbologia arricchisse di significato il lavoro umano. Già Vitruvio descrive il procedimento dell'orientamento, ma lo stesso metodo è adottato fino alla fine del Medio Evo.

Per orientare[8] l'edificio si utilizzavano metodi antichi: si piantava un palo (gnomone) e all'alba si segnava il punto raggiunto dall'estremità dell'ombra. In seguito si tracciava una circonferenza centrata nello gnomone e passante per il punto precedentemente segnato. Quando l'ombra del palo toccava nuovamente la circonferenza si segnava il nuovo punto. La retta tracciata dai due punti dava la direzione. In Collemaggio si può tracciare una circonferenza ideale che ha per centro gnomonico la croce quadrilobata e che risulta tangente alla facciata e alle absidi presunte della chiesa originaria.

---

[7] Per un approfondimento sul tema della simbologia delle chiese cfr. Jean Hani, Il Simbolismo del Tempio Cristiano, Edizioni Arkeios, 1996.
[8] Orientare significa volgere a oriente

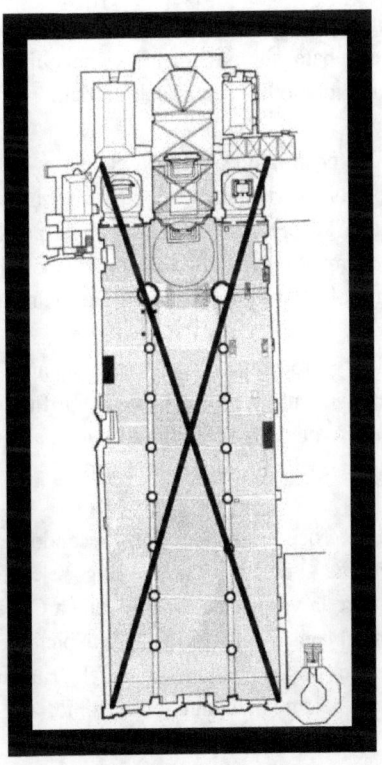

In più è possibile suddividere lo spazio interno in ulteriori tre circonferenze, avendo come centro la croce quadrilobata e per raggio la distanza fino al muro perimetrale, che coincide con la Porta Santa. La croce quadrilobata sul pavimento viene quindi ad essere in molteplici modi il centro dell'edificio.

La costruzione dell'edificio sacro comincia non a caso con l'orientamento, atto che in qualche modo assume l'aspetto di un gesto rituale poiché istituisce il collegamento fra ordine cosmico e ordine terrestre o, meglio, fra l'infinito divino e il finito umano.

La procedura dell'orientamento è, inoltre, universalmente e tradizionalmente diffusa dato che viene attuata ovunque nel tempo e nello spazio quando viene posto in opera un edificio sacro.

La croce gloriosa che, secondo i dettami del *Rationale*, veniva posta in luogo elevato per meglio mostrare la vittoria di Cristo, viene a Collemaggio posta anche al centro dell'edificio, come pietra di fondazione e asse che conduce dalla terra al cielo, riunendo la creatura al suo Creatore mediante il Battesimo.

Come si simbolizza questo in un pavimento, e, nella fattispecie, in quello di Collemaggio?

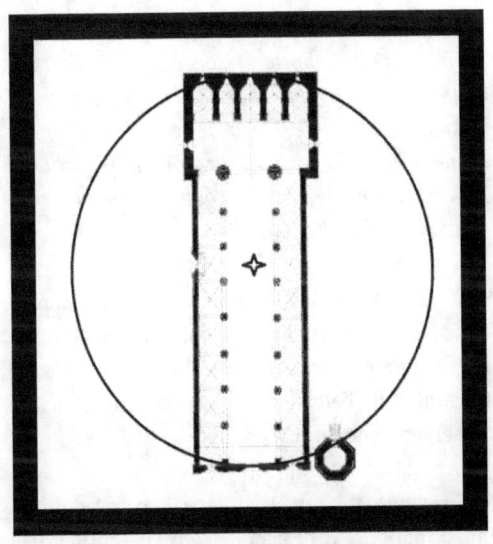

Dai primi passi dell'architettura cristiana, l'ottagono ha rappresentato, fra altre, la figura geometrica più usata per la realizzazione dei fonti battesimali e dei battisteri, proprio perché l'otto è il numero della nascita, della creazione. Già l'ogdoade dell'Antico Egitto era legato al mito della creazione del mondo. Il cristianesimo, riprendendo i simboli antichi, infonde loro un potenziamento di significato. Dato che Gesù è risorto il giorno dopo il sabato, e cioè l'ottavo giorno, la notte fra il settimo e l'ottavo giorno è la notte che ha visto una nuova creazione.

"Questa è la notte in cui Cristo, spezzando i vincoli della morte risorge vittorioso dal sepolcro... Il santo mistero di questa notte sconfigge il male, lava le colpe, restituisce l'innocenza ai peccatori, la gioia agli afflitti...O notte veramente gloriosa, che ricongiunge la terra al cielo e l'uomo al suo creatore!"[9]

Nella Chiesa delle origini e fino al compiersi dell'anno Mille la Veglia Pasquale era la Notte delle Notti. E durante la veglia a lungo la Chiesa ha amministrato il battesimo, il sacramento in cui il catecumeno diventa, in Cristo, nuova creatura.

Anticamente si riceveva il battesimo da adulti, dopo un lungo periodo di catecumenato, in cui la Chiesa seguiva attentamente i catecumeni.

Il catecumenato consisteva in alcune fasi di conversione, in un cammino di iniziazione in cui il catecumeno veniva aiutato dalla Chiesa, tappa dopo tappa, a scoprire la presenza amorevole di Dio nella sua esistenza. È dal dodicesimo secolo che divenne quasi del tutto predominante l'uso di amministrare il battesimo ai

---

[9] Dall'Exultet Pasquale.

bambini, fatto che ha reso sempre più insolito il tempo del catecumenato, nei giorni nostri frequente solo in terre di missione. Ma il battesimo dei bambini non esclude di per sé la necessità di una crescita nella persona della grazia ricevuta con il sacramento[10]. È la vita stessa ad essere, quindi, un continuo cammino verso Dio. Il sacramento della Penitenza, nel quale è insito il perdono dei Peccati, anticamente non esisteva come rito a sé, ma avveniva in un'unica occasione cioè in corrispondenza del Battesimo stesso, fatto questo che spingeva molti a chiederlo solo in fin di vita, per timore di ricadere nel peccato. Quando divenne consuetudine il Battesimo ai bambini, la Confessione e il Perdono divennero necessariamente distinti da questo, poiché la conversione non venne più intesa come un atto sancito esclusivamente dal Sacramento, ma come una battaglia quotidiana del credente che necessita di sperimentare l'amore di Dio. Attraverso un simbolo particolare nel pavimento, soprattutto nelle cattedrali gotiche, ma già in edifici molto più antichi (come ad esempio San Vitale a Ravenna), al fedele viene indicato e quasi raccomandato questo cammino di conversione continua.

Il simbolo, affascinante e antichissimo, è quello del labirinto. Il percorso tortuoso di chi si muove in un

---

[10] Cfr. Catechismo della Chiesa Cattolica, nn.1230-1233.

labirinto rimanda all'analoga tortuosità del viaggio della vita dell'uomo stesso, uomo la cui anima è impedita dalla schiavitù e dall'irretimento da parte del mondo materiale. Attraverso il labirinto, indice anche del pellegrinaggio inteso come strumento di penitenza pubblica non solenne, l'essere umano cammina verso la liberazione e il centro spirituale, la città celeste. Nelle cattedrali gotiche il labirinto, però, è per certi versi in odore di una vaga tendenza alla negativizzazione della vita terrena, così come l'esaltazione della verticalità e della presenza massiva della luce paiono a tratti stigmatizzare la materia e la composizione materica dell'essere umano a favore di uno spiritualismo esclusivizzante.

Sul litostrato di Collemaggio non vi è un vero e proprio labirinto e l'attenzione non è puntata sulla tortuosità del cammino poiché ciò che tende ad evidenziare è un altro aspetto della vita del cristiano. Se l'esperienza esistenziale dell'anima redenta avviene all'interno del corpo di Cristo e sotto l'ausilio della grazia battesimale, è, questo, un itinerario di gestazione amorevole in cui l'uomo non è solo. Dopo l'annuncio della Buona Novella di cui spesso nelle chiese è portavoce la facciata, con i suoi portali e rosoni, il battezzato viene accolto nella chiesa (quella di pietra è segno di quella fatta di uomini), ed è invitato a percorrere quotidianamente il cammino di fede che lo conduce al rendimento di lode eucaristico (nell'altare) dove si attua la nuova creazione e l'uomo torna in intimità con il Padre.

Ciò che, nel primo cristianesimo, il catecumeno imparava prima del Battesimo, dopo il Mille è il battezzato a doverlo scoprire nel corso dell'esistenza, all'interno di una comunità fortemente motivata e coesa attorno alle comuni radici cristiane. Si rafforzano a quell'epoca, perciò, anche degli strumenti atti a riavvicinare l'uomo a Dio, la creatura debole e fallace al Padre che perdona. Si sviluppa anche la dottrina sul Purgatorio e vi è nuovo impulso al pellegrinaggio come forma di espiazione dei peccati, la cui versione ultima e portata all'estremo è l'avventura crociata in Terra Santa. Il sacramento della Penitenza si rafforza e, dopo il periodo ambiguo della vendita delle Indulgenze, si giunge a quella manifestazione comunitaria e gratuita che è il Giubileo del '300.

Ma, oltre al noto Perdono della Porziuncola di origine francescana, troviamo un antecedente diretto al Giubileo trecentesco di Bonifacio VIII nell'atto di inconsueta novità costituito dalla Perdonanza che Celestino V donò nel 1294 all'Aquila, legandola proprio alla Basilica di Collemaggio. Alla luce di questo atto, che si colloca in tempi precoci nella vita della Basilica, il cammino segnato nel pavimento della stessa Collemaggio assume una connotazione particolare: è memoria di un cammino comunitario, da percorrere assieme ai fratelli, contrariamente al labirinto, che per certi versi impone un percorso solitario.

In Collemaggio questa sorta di itinerarium, di labirinto comunitario e orientato, è inciso nella dicromia di bianco e rosso, colori simbolici forti che indicano lo spirito e la carne. Il bianco è colore dello spirituale, della perfezione, mentre il rosso di per sé è polivalente, è il colore della vita, del sangue, della Pentecoste, del martirio, ma anche delle passioni e dell'inferno. Rosso è anche il porfido, in epoca romana materiale imperiale per eccellenza, in seguito trasferito a Cristo Re dei Re e alla Chiesa. Proprio questa polivalenza rende il rosso legato all'umanità in tutte le sue sfaccettature di bontà e degradazione. La dicromia bianco-rosso, che compare nel gonfalone e in edifici pubblici aquilani già dal principio della sua storia (del 1272 è l'edificazione della fontana delle 99 Cannelle), è stata per lungo tempo alla base dell'araldica della Chiesa, il cui vessillo era anticamente costituito da un campo rosso sul quale biancheggiava una croce o una chiave. L'araldica antica della Chiesa venne innumerevoli volte ripresa, si pensi ad esempio agli stemmi dei Templari e dell'Ordine di

Malta. La dicromia bianco-rosso è indice di un apparente dualismo risolto in Cristo: l'essere umano è chiamato all'unità con Dio nella sua interezza di corpo e fragile passionalità (il rosso) e anima immortale e purificata (il bianco), così come Cristo era vero Dio e vero Uomo.

I sette settori del pavimento richiamano allora i molteplici significati simbolici tradizionali del numero sette: sette gradini di discesa esistenziale che portano al fonte battesimale, ma anche l'unione di materia e spirito (quattro più tre) che formano l'uomo, immerso nella storia collettiva e personale, storia tramite la quale Dio si manifesta (la direzione in linea retta dal portale all'altare). Sette sono pure i doni dello Spirito Santo, contrapposti ai sette vizi capitali. Spesso, ad una veloce e sommaria ricerca statistica, i pilastri delle chiese romaniche e gotiche sono in numero di sette, o otto, per due file, a delimitare la navata centrale. Ma in realtà, secondo ancora Guillaume Durand:

> *"Licet autem columnae plures sint, tamen septem esse dicuntur, juxta illud: Sapientia aedificavit sibi domum, et excidit columnas septem, quoniam Episcopi esse debent septiformi gratia Spiritus Sancti repleti."[11]*

---

[11] "Nonostante il fatto che ci sia un diverso numero di pilastri,

25

Il sette viene quindi concepito come numero collettivo per indicare i pilastri, indipendentemente dal loro numero reale. Resta però altamente simbolico il sette in quanto tale, numero per eccellenza dello Spirito Santo.

Le sette suddivisioni pavimentali assumono quindi un valore non casuale, data l'alta polivalenza simbolica del numero ad esse collegato.

Il riferimento al sette quale numero dell'unione fra umano e divino è ulteriormente confermato, a Collemaggio, proprio dalla suddivisione del litostrato in due sottogruppi: il primo omogeneo e semplificato, il secondo più ricco ed elaborato.

Il primo, corrispondente alle prime quattro campate, infatti, è composto di settori di pietre bianche e rosse tagliate in forma quadrangolare e divisi da fasce di conci monocromi. Si tratta, comunque, di quadrilateri non statici, non sono, cioè, quadrati con la base orizzontale a disegnare una scacchiera, ma rombi, cioè orientati

---

tuttavia, si dice che essi sono sette, secondo il passo: la Sapienza si è costruita una casa, lei ha intagliato le sue sette colonne, poichè il vescovo deve essere riempito con i sette doni dello Spirito Santo.

anch'essi secondo la diagonale maggiore verso l'altare.

Ogni rombo, nell'intersecarsi delle diagonali, porta in sé inscritta, anche se non palese, una croce.

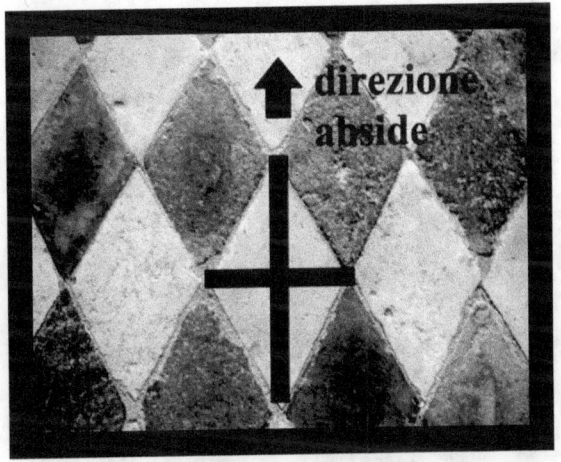

Nella materia che compone il corpo è inscritta, pure se non la si riconosce, la croce di Cristo, che rende lo stesso corpo chiamato alla santità. Anche la materia, infatti, viene pensata nella creazione come cosmo in perenne evoluzione, in costante donazione di sé: esempio ne è che dalle polveri di una stella esplosa si forma una nebulosa che darà origine a un nuovo astro. La materia è

27

quindi qualcosa di positivo: nella Genesi, dopo ogni atto di creazione, Dio dice che si tratta di cosa buona. Nel cristianesimo non è ciò che sta fuori dall'uomo a renderlo impuro, ma ciò che è dentro di lui (cfr. Mt 15, 1). Quindi la stessa corporeità non è semplicemente da disprezzare, poiché se lo spirito è santificato, lo è anche il corpo.

I tre settori successivi, quelli del secondo sottogruppo, sono più altamente simbolici e contengono una sorta di esplicitazione di ciò che nei quattro spazi precedenti era solo un presagio. La croce, intuibile nelle diagonali dei rombi dicromi, è resa palese e inconfondibile.

Nei tre settori più vicini all'altare, infatti, il fedele viene posto davanti al mistero del Verbo, di Colui che mostra il volto di Dio.

> *"Dio nessuno l'ha mai visto:*
> *Proprio il Figlio unigenito,*
> *Che è nel seno del Padre,*
> *Lui lo ha rivelato."* (Gv 1, 18)

E il Figlio ha rivelato l'amore di Dio all'uomo tramite la Passione, la Croce, la Resurrezione e il dono dello Spirito Santo.

Così il primo dei tre settori ante transetto mostra un merletto di croci, identico a quello della facciata. Sono croci costruite di conci quadrilateri, poiché è nella creazione, nelle quattro direzioni del creato, che si presenta il mistero della croce del Dio fatto uomo, mistero che illumina le infinite croci degli esseri umani di ogni tempo e spazio, le sofferenze che impongono ad ogni uomo la domanda sul senso della propria esistenza.

Ma il cuore di ogni croce, in questo settore, è di nuovo un rombo, una freccia puntata verso l'altare, un ulteriore invito a cercare il luogo dove è la consolazione, il ristoro: "Venite a me, voi tutti che siete affaticati e stanchi, ed io vi darò ristoro" (cfr. l'inno *Pange Lingua* di Venanzio Fortunato). È in questo settore, non a caso, che si incontra il cuore della basilica, il luogo gnomonico, indicato anche stavolta da una croce, che però, come già notammo, appare come un fiore a quattro petali, una sorta di quadrifoglio di valore simbolico.

Ad esempio nel monastero carmelitano di Laudun, in Francia, è tracciato, sui muri della scala di una cappella, il chiaro segno del quadrifoglio, ad indicare Cristo quale sorgente di vita vera. Se pure il trifoglio è stato assunto a simbolo trinitario, la forma cruciforme del quadrifoglio, con gli spigoli che si smussano, si addolciscono in lobi, facendo sì che nella croce si inscriva il cerchio, ricorda al cristiano che nella fragilità della sofferenza umana si incarna l'amore divino. La croce del figlio di Dio, centro della creazione, *axis mundi*, a Collemaggio compare simbolicamente al centro di innumerevoli croci, che sono le croci di ogni uomo, assumendone la fatica.

Al cuore della chiesa, intesa non solo come la concreta basilica di Collemaggio, ma come comunità dei figli di Dio, è l'amore divino manifestato nella croce di Cristo. Il patire del Figlio non resta legato alla sola sofferenza, fisica e spirituale, non conduce definitivamente alla morte, alla fine di tutto, altrimenti rimarrebbe una delle tante ingiustizie perpetrate contro uno dei tanti giusti, ma in Cristo, vero Dio e vero uomo, viene riassunta nell'amore trinitario e nella gioia. Tutto ciò avviene nel momento in cui Cristo risorge e torna al Padre, nella Risurrezione e nelle conseguenti Ascensione e Pentecoste.

Il successivo settore pavimentale rende presente, richiamando la croce quadrilobata del centro della chiesa e moltiplicandola, la speranza annunziata da Cristo ad ogni uomo: la croce personale di ognuno viene a partecipare delle sofferenze di Gesù e in Lui è resa dolce. Cristo stesso è l'Emanuele, il Dio con noi, che non abbandona ma accoglie ogni essere umano fra le sue braccia, consolandolo e sostenendolo. Ogni sofferenza

vissuta in Cristo contiene in sé la certezza che Dio non si
è dimenticato dei suoi figli.

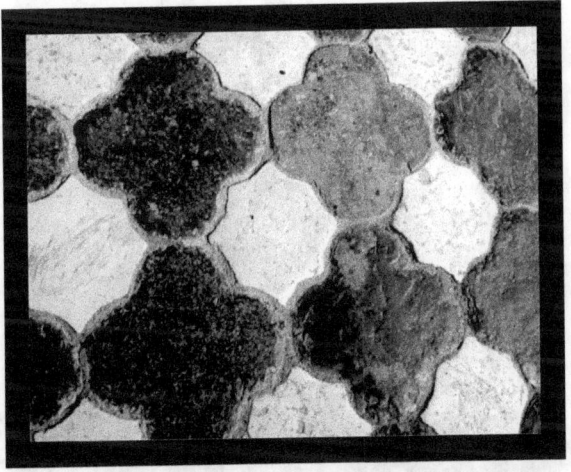

L'ultimo settore, infatti, è costituito da un
particolarissimo disegno, sei cerchi concentrici di fasce
bianche e rosse attorno ad una sorta di *rota* porfiretica. Il
disegno ottenuto è allo stesso tempo simile e dissimile a
quello del *quinconce* cosmatesco. I sei cerchi
concentrici formano in realtà tre otto accostati. É il nome
di Cristo, che nella numerologia sacra in greco dà
proprio l'888: Iesous= $i(10) + e(8) + s(200) + o(70) +$
$u(400) + s(200) = 888$.

Al termine del cammino battesimale o penitenziale il singolo e la comunità cristiana divengono nuove creature, poiché come Gesù è stato gestato da Maria, così il cristiano è gestato dalla Chiesa. E come Cristo ha visto la luce sulla terra, il cristiano vede di nuovo la luce, rinasce ad una vita nuova, identificandosi in Cristo stesso. É una nuova creatura, che ha recuperato l'immagine di Dio in sé, immagine che il peccato aveva offuscato. In Cristo torniamo a manifestare la creazione dell'uomo da parte di Dio, che lo volle a Sua immagine e somiglianza. Nel nome di Cristo ogni uomo è salvo e risorto, è di nuovo felice.

Nella fascia divisoria che sta fra la navata e il

transetto il disegno si fa ancora più complesso.

Torna il motivo dei rombi, incorniciato da due fasce
orizzontali composte da esagoni di calcare bianco
intercalati da triangoli di pietra rossa. Se si osserva più

attentamente, il disegno che ne viene fuori è un intreccio simile alla tessitura *ad triangulum* di origine cosmatesca, composto da stelle di Davide, più propriamente sigilli di Salomone, il segno del Messia.

Azzardiamo che le due fasce paiono disegnare una coppia di colonne, ricordando, se vogliamo, le due colonne all'ingresso del Tempio di Gerusalemme, Jakhin e Boaz[12], i cui nomi significano probabilmente "essa è solida" e "con forza". All'estrema sinistra vi è un intreccio di triangoli, alterato dalla presenza della lastra tombale di un abate celestino, e all'estrema destra ciò che appare come uno strano labirinto che richiama ancora in parte il *quinconce* cosmatesco. I triangoli sono un simbolo inequivocabile della Trinità mentre il *quinconce* pare più una sorta di serpente, come è stato da alcuni definito, formato da sette *rotae*, le cui fasce concentriche si intrecciano fra loro al modo cosmatesco. Ancora torna il sette a scandire lo spazio.

Le *rotae* in questo caso sembrano essere legate ai pianeti, concepiti come espressione dell'ordine cosmico, della creazione ordinata da parte di Dio.

---

[12] cfr. 1 Re 7, 15-22.

37

Ricordiamo che nell'antichità erano contemplati nel novero dei pianeti solo quelli visibili ad occhio nudo e, considerando nel numero anche il sole e la luna, erano contati mercurio, venere, marte, giove e saturno, essendo urano, nettuno e plutone scoperte più recenti.

Se guardiamo l'insieme, allora, nella fascia si può azzardare la lettura di alcuni possibili dati simbolici: nella nuova creatura, che giunge a questo settore del litostrato, viene rammentata la sua appartenenza a Dio, poiché ogni cristiano è, come i santi mostrano, un nuovo Cristo, il Tempio dello Spirito Santo sostenuto dalla presenza di due colonne (le fasce di tessitura *ad triangulum*) che sono le due nature, umana e divina, del Figlio di Davide. Come nuovo Tempio, un tempio non fatto da mani d'uomo, l'uomo Cristo rende sacro il corpo dell'uomo. Nell'uomo santo si manifesta il divino eterno (i triangoli) e l'umano immerso nel tempo (il *quinconce* della creazione). Tutto ciò viene a realizzarsi nel mistero dell'Eucarestia che si compie sull'altare, dove l'uomo incontra il pane, il Corpo di Cristo crocifisso con la condanna che spettava all'umanità caduta, e il vino, l'alleanza di sangue che ripete, perfezionandola, quella che Dio fece con Abramo. Tutto il pavimento della navata centrale assume, allora, la funzione di accompagnare il fedele verso il luogo dell'incontro, dell'unione con Dio, l'altare, dove si compie il convito e il sacrificio eucaristico che riconcilia Creatore e creatura.

Nelle navate laterali (Cfr. immagine a pagina 7), però, secondo quanto accadeva anche nei pavimenti più antichi, non vi è uguale complessità di esecuzione e di simbolismo, eppure si possono fare alcune rilevazioni a parer nostro significative.

La navata di destra appare suddivisa in quattro settori a scacchiera per ognuna delle prime quattro campate. La quinta, pure questa a scacchiera continua, è attraversata però, in corrispondenza della croce quadrilobata e della Porta Santa, da una sorta di tappeto di rombi, che pare prolungare la direzione di entrata dalla Porta stessa attraverso la croce. Le ultime due campate, sempre a scacchiera continua, giungono ininterrottamente alla fascia divisoria con il transetto.

La navata destra è quindi, tutto sommato, regolare e ordinata.

All'opposto, la navata sinistra inizialmente sembra ricalcare il disegno della destra, ma si interrompe di colpo, non appena superato il gradino all'interno dello strombo del portale relativo. Presenta, di seguito, un litostrato del tutto privo di disegni ordinati, almeno fino all'ingresso della Porta Santa, dove compare nuovamente il paramento a scacchiera, delimitato da fasce monocrome.

La dimensione delle pietre e il loro colore appare in questa porzione senza nessun ordine logico, pur cominciando e terminando con lo stesso sistema ordinato che governa le altre navate, fatto questo che ci fa chiedere il motivo di una tale anomalia.

Essendo il muro perimetrale costituito per buona parte dell'alzato in apparecchio aquilano, sistema costruttivo adoperato fino a tutto il 1300, pare alquanto improbabile un rifacimento dovuto a terremoti posteriori al XIV secolo. Se il costruttore ha deciso di eseguire questa porzione di pavimento senza uno schema ordinato (e in tempi successivi nessuno ha pensato di adeguarlo al resto della basilica con materiale e sistemazione simile), forse l'anomalo disordine è dovuto ancora ad una ragione simbolica. Nel *Rationale* è raccomandata la divisione fra uomini e donne all'interno della chiesa, divisione motivata secondo un'ideologia datata ma non del tutto priva di motivi di riflessione. Agli uomini, secondo il *Rationale* e la prassi dell'epoca, compete la posizione a mezzogiorno, quella che corrisponde proprio alla navata destra a Collemaggio, mentre alle donne è riservato lo spazio a settentrione. Essendo questa una chiesa abbaziale, inoltre, la navata centrale era plausibilmente in gran parte occupata dal coro dei monaci. Solo posteriormente al sisma del 1349, infatti, l'allungamento della navata centrale permise la creazione di uno spazio ampio a sufficienza per il posizionamento di un coro separato. La pianta originaria, infatti, se vera, non permetteva la presenza nell'abside di un coro sufficiente ad accogliere il gran numero dei monaci previsti in un monastero assai ampio, nonostante le dimensioni originarie fossero più limitate. Non ci è dato, comunque, sapere il numero preciso di tali monaci, né possiamo far altro che supporre un coro nella navata centrale come consuetudine nelle costruzioni benedettine, la cui regola era seguita dai celestini, ma anche in quelle cistercensi, cui la basilica e il monastero paiono ispirarsi. Era oltretutto consuetudine collocare il fonte battesimale (quando si smise di costruire edifici battisteriali) all'entrata della navata sinistra.

Un'altra ipotesi resta possibile. Se il pavimento risale ai primi decenni della basilica, allora potrebbe essere sorto contemporaneamente al consolidarsi della liturgia della Perdonanza, e quindi si potrebbe collegare la navata sinistra alle forze del caos che irrompono con il peccato e che trovano una sorta di cammino all'asciutto nel mare (come Israele nel mar Rosso) solo tramite l'accesso alla Porta Santa, dopo che si è compiuto un cammino di conversione (il pavimento della navata centrale) e ci si è accostati all'Eucarestia. La Bolla indica proprio questo cammino: all'indulgenza (la porta Santa che riammette allo stato edenico) si può giungere solo se confessati e comunicati. Ma tutto questo cammino non è mentale, culturale o esoterico, poiché si compie secondo un fatto, che avviene liberamente, cioè il *fiat* al perdono.

Collemaggio non è una Chiesa qualsiasi e non è neppure semplicemente un luogo simbolo di una pace secondo gli schemi mondani. È un luogo dove si manifesta la pace vera, non quella del mondo, la pace cristiana che nasce dal perdono, ricevuto per poter essere donato. Il cristiano non è altro che colui che ha fatto un percorso di conversione, attraverso il quale si è riconosciuto umile (fatto di terra), si è semplificato e ha cominciato a lodare il Padre. Questo è il cammino sintetizzato sia dal pavimento della chiesa sia dalla stessa eccezionale opportunità annuale del Perdono inscritto nel lascito di Celestino alla città dell'Aquila. Il centro della chiesa intera, in effetti, è focalizzato nella solitaria croce quadrilobata, che individua pure la direzione nella quale si trova una porta inusuale, detta Santa. Nelle cattedrali gotiche settentrionali il portale (e il rosone) orientato a nord è dedicato all'oscurità, alla rappresentazione del male in forme anche estreme, quali ad esempio mostri, serpenti, draghi, demoni. Pare che chi esca dalla chiesa tramite questo portale venga attorniato da forze demoniache e ingolfato di nuovo dall'oscurità. A Collemaggio, invece, il portale aperto nel fianco settentrionale è limpido, perché non è un'uscita verso la morte (per inciso nelle chiese cistercensi la porta dei morti era aperta sul fianco settentrionale dell'abside), fisica o ontica, ma dalla morte alla vita. L'attuale Porta Santa, quindi, è un ingresso verso la pace, verso la gioia, non è infarcita di esseri mostruosi, né di esibizioni delle devastazioni del maligno, ma, al contrario, è accogliente, luminosa, decorata nell'arco da volute eleganti, foglie di vite e grappoli d'uva, che hanno origine da due leoni, uno a destra che protegge un agnello, l'altro a sinistra che si avventa sulla preda costituita da un drago. Questo è uno dei due soli simboli legati al maligno, essendo l'altro un serpente che tenta di divorare tre pulcini ma ne viene inibito dalle beccate della chioccia. E poi fioroni a cinque punte, palmette e acanto. Il tutto rimanda sempre e comunque a Cristo e a sua Madre. Il richiamo costante è a Lui, alla vera porta, al calice della Nuova Alleanza, all'Eucarestia, al Sangue dell'unica vittima che Dio solo ha sacrificato per sancire il patto con l'umanità. Il leone che addenta la preda è simbolo di Cristo che sconfigge il peccato e la morte, mentre quello che protegge l'agnello è sempre il Figlio che difende l'uomo. Cristo, sotto il simbolo dei tralci e del leone, è architrave, archivolto e imposta d'arco della porta, è la porta stessa, anzi, attraverso la quale chi entra si ricongiunge a Lui e al

Padre.

Nell'intera struttura della basilica, allora, è inscritto lo stesso invito presente nella bolla del Perdono.

C'è un itinerarium di conversione, attraverso il quale si ha la presa di coscienza dei propri peccati, un rientro tramite l'accettazione del Perdono gratuito del Padre, la conversione mediante la quale nell'uomo è manifestato Cristo, e il contatto con l'Eucarestia, mediante la quale Cristo e l'uomo diventano un solo corpo e un solo sangue. La sapienza nascosta in Collemaggio non è quindi riservata a pochi esoteristi convinti, ma è affidata, come la Perdonanza stessa, per volere di Celestino Papa, agli aquilani e, attraverso loro, all'intera umanità, che in Cristo ritrova realmente se stessa, la gioia possibile nella vita quotidiana, fatta di piccole e grandi cose, di momenti allegri e di tempi di pianto.

www.ingramcontent.com/pod-product-compliance
Lightning Source LLC
Chambersburg PA
CBHW062200290526
45791CB00017B/1450

* 9 7 8 1 3 2 6 8 4 3 5 3 3 *